TABELA DE RECEITAS

Cozinhar é como o amor.
Ele deve entrar sem abandono ou então não entrar.

HARRIET VAN HORNE

TABELA DE RECEITAS

#	NOME DA RECEITA	OBSERVAÇÕES
1		
2		
3		
4		
5		
6		
7		
8		
9		
10		
11		
12		
13		
14		
15		
16		
17		
18		
19		
20		
21		
22		
23		
24		
25		

Sempre comece com uma panela maior
do que você acha que vai precisar.

TABELA DE RECEITAS

#	NOME DA RECEITA	OBSERVAÇÕES
26		
27		
28		
29		
30		
31		
32		
33		
34		
35		
36		
37		
38		
39		
40		
41		
42		
43		
44		
45		
46		
47		
48		
49		
50		

As risadas sempre são melhores no lugar onde está a comida.
PROVÉRBIO IRLANDÊS

TABELA DE RECEITAS

#	NOME DA RECEITA	OBSERVAÇÕES
51		
52		
53		
54		
55		
56		
57		
58		
59		
60		
61		
62		
63		
64		
65		
66		
67		
68		
69		
70		
71		
72		
73		
74		
75		

O único verdadeiro obstáculo é o medo de falhar.
Na cozinha, você precisa ter uma atitude desencanada.

TABELA DE RECEITAS

#	NOME DA RECEITA	OBSERVAÇÕES
76		
77		
78		
79		
80		
81		
82		
83		
84		
85		
86		
87		
88		
89		
90		
91		
92		
93		
94		
95		
96		
97		
98		
99		
100		

Muitos cozinheiros estragam o caldo.
PROVÉRBIO CHINÊS

RECEITAS

Será que existe prática menos egoísta, um trabalho menos alienado, um tempo menos desperdiçado, do que preparar algo delicioso e alimentar as pessoas que você ama?

01 RECEITA:

RENDIMENTO	TEMPO DE PREPARO	TEMPO DE COZIMENTO	DATA

INSTRUÇÕES

INGREDIENTES

OBSERVAÇÕES:

02  RECEITA: _____

RENDIMENTO	TEMPO DE PREPARO	TEMPO DE COZIMENTO	DATA

INSTRUÇÕES

INGREDIENTES

OBSERVAÇÕES:

03

RECEITA:

RENDIMENTO	TEMPO DE PREPARO	TEMPO DE COZIMENTO	DATA

INSTRUÇÕES

INGREDIENTES

OBSERVAÇÕES:

04  RECEITA:

| RENDIMENTO | TEMPO DE PREPARO | TEMPO DE COZIMENTO | DATA |

INSTRUÇÕES

INGREDIENTES

OBSERVAÇÕES:

RECEITA:

| RENDIMENTO | TEMPO DE PREPARO | TEMPO DE COZIMENTO | DATA |

INSTRUÇÕES

INGREDIENTES

OBSERVAÇÕES:

06 RECEITA: _____

| RENDIMENTO | TEMPO DE PREPARO | TEMPO DE COZIMENTO | DATA |

INSTRUÇÕES

INGREDIENTES

OBSERVAÇÕES:

07 RECEITA:

| RENDIMENTO | TEMPO DE PREPARO | TEMPO DE COZIMENTO | DATA |

INSTRUÇÕES

INGREDIENTES

OBSERVAÇÕES:

08  RECEITA: _____

| RENDIMENTO | TEMPO DE PREPARO | TEMPO DE COZIMENTO | DATA |

INSTRUÇÕES

INGREDIENTES

OBSERVAÇÕES:

09

RECEITA:

| RENDIMENTO | TEMPO DE PREPARO | TEMPO DE COZIMENTO | DATA |

INSTRUÇÕES

INGREDIENTES

OBSERVAÇÕES:

10  RECEITA: _____

| RENDIMENTO | TEMPO DE PREPARO | TEMPO DE COZIMENTO | DATA |

INSTRUÇÕES

INGREDIENTES

OBSERVAÇÕES:

RECEITA:

| RENDIMENTO | TEMPO DE PREPARO | TEMPO DE COZIMENTO | DATA |

INSTRUÇÕES

INGREDIENTES

OBSERVAÇÕES:

12

RECEITA: _____

| RENDIMENTO | TEMPO DE PREPARO | TEMPO DE COZIMENTO | DATA |

INSTRUÇÕES

INGREDIENTES

OBSERVAÇÕES:

RECEITA:

RENDIMENTO	TEMPO DE PREPARO	TEMPO DE COZIMENTO	DATA

INSTRUÇÕES

INGREDIENTES

OBSERVAÇÕES:

14 RECEITA:

| RENDIMENTO | TEMPO DE PREPARO | TEMPO DE COZIMENTO | DATA |

INSTRUÇÕES

INGREDIENTES

OBSERVAÇÕES:

15 RECEITA:

| RENDIMENTO | TEMPO DE PREPARO | TEMPO DE COZIMENTO | DATA |

INSTRUÇÕES

INGREDIENTES

OBSERVAÇÕES:

RECEITA: _____

| RENDIMENTO | TEMPO DE PREPARO | TEMPO DE COZIMENTO | DATA |

INSTRUÇÕES

INGREDIENTES

OBSERVAÇÕES:

17

RECEITA:

| RENDIMENTO | TEMPO DE PREPARO | TEMPO DE COZIMENTO | DATA |

INSTRUÇÕES

INGREDIENTES

OBSERVAÇÕES:

18 RECEITA: _____

| RENDIMENTO | TEMPO DE PREPARO | TEMPO DE COZIMENTO | DATA |

INSTRUÇÕES

INGREDIENTES

OBSERVAÇÕES:

19 RECEITA:

| RENDIMENTO | TEMPO DE PREPARO | TEMPO DE COZIMENTO | DATA |

INSTRUÇÕES

INGREDIENTES

OBSERVAÇÕES:

20

RECEITA: _____

| RENDIMENTO | TEMPO DE PREPARO | TEMPO DE COZIMENTO | DATA |

INSTRUÇÕES

INGREDIENTES

OBSERVAÇÕES:

RECEITA:

| RENDIMENTO | TEMPO DE PREPARO | TEMPO DE COZIMENTO | DATA |

INSTRUÇÕES

INGREDIENTES

OBSERVAÇÕES:

22 RECEITA:

RENDIMENTO	TEMPO DE PREPARO	TEMPO DE COZIMENTO	DATA

INSTRUÇÕES

INGREDIENTES

OBSERVAÇÕES:

23  RECEITA:

| RENDIMENTO | TEMPO DE PREPARO | TEMPO DE COZIMENTO | DATA |

INSTRUÇÕES

INGREDIENTES

OBSERVAÇÕES:

24 RECEITA:

| RENDIMENTO | TEMPO DE PREPARO | TEMPO DE COZIMENTO | DATA |

INSTRUÇÕES

INGREDIENTES

OBSERVAÇÕES:

25 RECEITA:

| RENDIMENTO | TEMPO DE PREPARO | TEMPO DE COZIMENTO | DATA |

INSTRUÇÕES

INGREDIENTES

OBSERVAÇÕES:

26  RECEITA:

| RENDIMENTO | TEMPO DE PREPARO | TEMPO DE COZIMENTO | DATA |

INSTRUÇÕES

INGREDIENTES

OBSERVAÇÕES:

RECEITA:

| RENDIMENTO | TEMPO DE PREPARO | TEMPO DE COZIMENTO | DATA |

INSTRUÇÕES

INGREDIENTES

OBSERVAÇÕES:

28 RECEITA:

RENDIMENTO	TEMPO DE PREPARO	TEMPO DE COZIMENTO	DATA

INSTRUÇÕES

INGREDIENTES

OBSERVAÇÕES:

RECEITA:

| RENDIMENTO | TEMPO DE PREPARO | TEMPO DE COZIMENTO | DATA |

INSTRUÇÕES

INGREDIENTES

OBSERVAÇÕES:

30 RECEITA: _____

| RENDIMENTO | TEMPO DE PREPARO | TEMPO DE COZIMENTO | DATA |

INSTRUÇÕES

INGREDIENTES

OBSERVAÇÕES:

31  RECEITA: _____

| RENDIMENTO | TEMPO DE PREPARO | TEMPO DE COZIMENTO | DATA |

INSTRUÇÕES

INGREDIENTES

OBSERVAÇÕES:

32 RECEITA:

| RENDIMENTO | TEMPO DE PREPARO | TEMPO DE COZIMENTO | DATA |

INSTRUÇÕES

INGREDIENTES

OBSERVAÇÕES:

RECEITA:

RENDIMENTO	TEMPO DE PREPARO	TEMPO DE COZIMENTO	DATA

INSTRUÇÕES

INGREDIENTES

OBSERVAÇÕES:

34  RECEITA: _____

| RENDIMENTO | TEMPO DE PREPARO | TEMPO DE COZIMENTO | DATA |

INSTRUÇÕES

INGREDIENTES

OBSERVAÇÕES:

RECEITA:

RENDIMENTO	TEMPO DE PREPARO	TEMPO DE COZIMENTO	DATA

INSTRUÇÕES

INGREDIENTES

OBSERVAÇÕES:

36  RECEITA:

RENDIMENTO	TEMPO DE PREPARO	TEMPO DE COZIMENTO	DATA

INSTRUÇÕES

INGREDIENTES

OBSERVAÇÕES:

RECEITA:

RENDIMENTO	TEMPO DE PREPARO	TEMPO DE COZIMENTO	DATA

INSTRUÇÕES

INGREDIENTES

OBSERVAÇÕES:

38  RECEITA: _____

| RENDIMENTO | TEMPO DE PREPARO | TEMPO DE COZIMENTO | DATA |

INSTRUÇÕES

INGREDIENTES

OBSERVAÇÕES:

39 RECEITA:

| RENDIMENTO | TEMPO DE PREPARO | TEMPO DE COZIMENTO | DATA |

INSTRUÇÕES

INGREDIENTES

OBSERVAÇÕES:

40  RECEITA: _____

| RENDIMENTO | TEMPO DE PREPARO | TEMPO DE COZIMENTO | DATA |

INSTRUÇÕES

INGREDIENTES

OBSERVAÇÕES:

RECEITA:

| RENDIMENTO | TEMPO DE PREPARO | TEMPO DE COZIMENTO | DATA |

INSTRUÇÕES

INGREDIENTES

OBSERVAÇÕES:

42 RECEITA: _____

| RENDIMENTO | TEMPO DE PREPARO | TEMPO DE COZIMENTO | DATA |

INSTRUÇÕES

INGREDIENTES

OBSERVAÇÕES:

RECEITA:

| RENDIMENTO | TEMPO DE PREPARO | TEMPO DE COZIMENTO | DATA |

INSTRUÇÕES

INGREDIENTES

OBSERVAÇÕES:

RECEITA:

| RENDIMENTO | TEMPO DE PREPARO | TEMPO DE COZIMENTO | DATA |

INSTRUÇÕES

INGREDIENTES

OBSERVAÇÕES:

45 RECEITA:

| RENDIMENTO | TEMPO DE PREPARO | TEMPO DE COZIMENTO | DATA |

INSTRUÇÕES

INGREDIENTES

OBSERVAÇÕES:

46  RECEITA: _____

| RENDIMENTO | TEMPO DE PREPARO | TEMPO DE COZIMENTO | DATA |

INSTRUÇÕES

INGREDIENTES

OBSERVAÇÕES:

RECEITA:

RENDIMENTO	TEMPO DE PREPARO	TEMPO DE COZIMENTO	DATA

INSTRUÇÕES

INGREDIENTES

OBSERVAÇÕES:

RECEITA:

| RENDIMENTO | TEMPO DE PREPARO | TEMPO DE COZIMENTO | DATA |

INSTRUÇÕES

INGREDIENTES

OBSERVAÇÕES:

RECEITA:

49

| RENDIMENTO | TEMPO DE PREPARO | TEMPO DE COZIMENTO | DATA |

INSTRUÇÕES

INGREDIENTES

OBSERVAÇÕES:

50  RECEITA: _____

| RENDIMENTO | TEMPO DE PREPARO | TEMPO DE COZIMENTO | DATA |

INSTRUÇÕES

INGREDIENTES

OBSERVAÇÕES:

RECEITA:

RENDIMENTO	TEMPO DE PREPARO	TEMPO DE COZIMENTO	DATA

INSTRUÇÕES

INGREDIENTES

OBSERVAÇÕES:

52 RECEITA:

| RENDIMENTO | TEMPO DE PREPARO | TEMPO DE COZIMENTO | DATA |

INSTRUÇÕES

INGREDIENTES

OBSERVAÇÕES:

RECEITA:

RENDIMENTO	TEMPO DE PREPARO	TEMPO DE COZIMENTO	DATA

INSTRUÇÕES

INGREDIENTES

OBSERVAÇÕES:

RECEITA: _____

| RENDIMENTO | TEMPO DE PREPARO | TEMPO DE COZIMENTO | DATA |

INSTRUÇÕES

INGREDIENTES

OBSERVAÇÕES:

55 RECEITA:

RENDIMENTO	TEMPO DE PREPARO	TEMPO DE COZIMENTO	DATA

INSTRUÇÕES

INGREDIENTES

OBSERVAÇÕES:

RECEITA:

RENDIMENTO **TEMPO DE PREPARO** **TEMPO DE COZIMENTO** **DATA**

INSTRUÇÕES **INGREDIENTES**

OBSERVAÇÕES:

RECEITA:

| RENDIMENTO | TEMPO DE PREPARO | TEMPO DE COZIMENTO | DATA |

INSTRUÇÕES

INGREDIENTES

OBSERVAÇÕES:

58  RECEITA:

| RENDIMENTO | TEMPO DE PREPARO | TEMPO DE COZIMENTO | DATA |

INSTRUÇÕES

INGREDIENTES

OBSERVAÇÕES:

59  RECEITA:

| RENDIMENTO | TEMPO DE PREPARO | TEMPO DE COZIMENTO | DATA |

INSTRUÇÕES

INGREDIENTES

OBSERVAÇÕES:

60 RECEITA:

| RENDIMENTO | TEMPO DE PREPARO | TEMPO DE COZIMENTO | DATA |

INSTRUÇÕES

INGREDIENTES

OBSERVAÇÕES:

RECEITA:

| RENDIMENTO | TEMPO DE PREPARO | TEMPO DE COZIMENTO | DATA |

INSTRUÇÕES

INGREDIENTES

OBSERVAÇÕES:

62  RECEITA: _____

| RENDIMENTO | TEMPO DE PREPARO | TEMPO DE COZIMENTO | DATA |

INSTRUÇÕES

INGREDIENTES

OBSERVAÇÕES:

RECEITA:

| RENDIMENTO | TEMPO DE PREPARO | TEMPO DE COZIMENTO | DATA |

INSTRUÇÕES

INGREDIENTES

OBSERVAÇÕES:

RECEITA:

RENDIMENTO	TEMPO DE PREPARO	TEMPO DE COZIMENTO	DATA

INSTRUÇÕES

INGREDIENTES

OBSERVAÇÕES:

RECEITA:

| RENDIMENTO | TEMPO DE PREPARO | TEMPO DE COZIMENTO | DATA |

INSTRUÇÕES

INGREDIENTES

OBSERVAÇÕES:

66  RECEITA: _____

| RENDIMENTO | TEMPO DE PREPARO | TEMPO DE COZIMENTO | DATA |

INSTRUÇÕES

INGREDIENTES

OBSERVAÇÕES:

RECEITA:

RENDIMENTO	TEMPO DE PREPARO	TEMPO DE COZIMENTO	DATA

INSTRUÇÕES

INGREDIENTES

OBSERVAÇÕES:

RECEITA:

| RENDIMENTO | TEMPO DE PREPARO | TEMPO DE COZIMENTO | DATA |

INSTRUÇÕES

INGREDIENTES

OBSERVAÇÕES:

RECEITA:

| RENDIMENTO | TEMPO DE PREPARO | TEMPO DE COZIMENTO | DATA |

INSTRUÇÕES

INGREDIENTES

OBSERVAÇÕES:

70

RECEITA: _____

| RENDIMENTO | TEMPO DE PREPARO | TEMPO DE COZIMENTO | DATA |

INSTRUÇÕES

INGREDIENTES

OBSERVAÇÕES:

71

RECEITA:

| RENDIMENTO | TEMPO DE PREPARO | TEMPO DE COZIMENTO | DATA |

INSTRUÇÕES

INGREDIENTES

OBSERVAÇÕES:

72 RECEITA:

| RENDIMENTO | TEMPO DE PREPARO | TEMPO DE COZIMENTO | DATA |

INSTRUÇÕES

INGREDIENTES

OBSERVAÇÕES:

73 RECEITA:

RENDIMENTO

TEMPO DE PREPARO

TEMPO DE COZIMENTO

DATA

INSTRUÇÕES

INGREDIENTES

OBSERVAÇÕES:

74

RECEITA: _____

| RENDIMENTO | TEMPO DE PREPARO | TEMPO DE COZIMENTO | DATA |

INSTRUÇÕES

INGREDIENTES

OBSERVAÇÕES:

RECEITA:

RENDIMENTO	TEMPO DE PREPARO	TEMPO DE COZIMENTO	DATA

INSTRUÇÕES

INGREDIENTES

OBSERVAÇÕES:

RECEITA:

RENDIMENTO	TEMPO DE PREPARO	TEMPO DE COZIMENTO	DATA

INSTRUÇÕES

INGREDIENTES

OBSERVAÇÕES:

RECEITA:

| RENDIMENTO | TEMPO DE PREPARO | TEMPO DE COZIMENTO | DATA |

INSTRUÇÕES

INGREDIENTES

OBSERVAÇÕES:

78  RECEITA:

RENDIMENTO	TEMPO DE PREPARO	TEMPO DE COZIMENTO	DATA

INSTRUÇÕES

INGREDIENTES

OBSERVAÇÕES:

RECEITA:

| RENDIMENTO | TEMPO DE PREPARO | TEMPO DE COZIMENTO | DATA |

INSTRUÇÕES

INGREDIENTES

OBSERVAÇÕES:

RECEITA:

RENDIMENTO	TEMPO DE PREPARO	TEMPO DE COZIMENTO	DATA

INSTRUÇÕES

INGREDIENTES

OBSERVAÇÕES:

RECEITA:

| RENDIMENTO | TEMPO DE PREPARO | TEMPO DE COZIMENTO | DATA |

INSTRUÇÕES

INGREDIENTES

OBSERVAÇÕES:

RECEITA:

| RENDIMENTO | TEMPO DE PREPARO | TEMPO DE COZIMENTO | DATA |

INSTRUÇÕES

INGREDIENTES

OBSERVAÇÕES:

83  RECEITA:

RENDIMENTO	TEMPO DE PREPARO	TEMPO DE COZIMENTO	DATA

INSTRUÇÕES

INGREDIENTES

OBSERVAÇÕES:

84

RECEITA: _____

| RENDIMENTO | TEMPO DE PREPARO | TEMPO DE COZIMENTO | DATA |

INSTRUÇÕES

INGREDIENTES

OBSERVAÇÕES:

RECEITA:

| RENDIMENTO | TEMPO DE PREPARO | TEMPO DE COZIMENTO | DATA |

INSTRUÇÕES

INGREDIENTES

OBSERVAÇÕES:

86

RECEITA:

| RENDIMENTO | TEMPO DE PREPARO | TEMPO DE COZIMENTO | DATA |

INSTRUÇÕES

INGREDIENTES

OBSERVAÇÕES:

87 RECEITA:

| RENDIMENTO | TEMPO DE PREPARO | TEMPO DE COZIMENTO | DATA |

INSTRUÇÕES

INGREDIENTES

OBSERVAÇÕES:

RECEITA: _____

| RENDIMENTO | TEMPO DE PREPARO | TEMPO DE COZIMENTO | DATA |

INSTRUÇÕES

INGREDIENTES

OBSERVAÇÕES:

RECEITA:

RENDIMENTO	TEMPO DE PREPARO	TEMPO DE COZIMENTO	DATA

INSTRUÇÕES

INGREDIENTES

OBSERVAÇÕES:

RECEITA: _____

| RENDIMENTO | TEMPO DE PREPARO | TEMPO DE COZIMENTO | DATA |

INSTRUÇÕES

INGREDIENTES

OBSERVAÇÕES:

91 RECEITA:

RENDIMENTO	TEMPO DE PREPARO	TEMPO DE COZIMENTO	DATA

INSTRUÇÕES

INGREDIENTES

OBSERVAÇÕES:

92

RECEITA: _____

RENDIMENTO	TEMPO DE PREPARO	TEMPO DE COZIMENTO	DATA

INSTRUÇÕES | **INGREDIENTES**

OBSERVAÇÕES:

RECEITA:

| RENDIMENTO | TEMPO DE PREPARO | TEMPO DE COZIMENTO | DATA |

INSTRUÇÕES

INGREDIENTES

OBSERVAÇÕES:

RECEITA: _____

RENDIMENTO	TEMPO DE PREPARO	TEMPO DE COZIMENTO	DATA

INSTRUÇÕES

INGREDIENTES

OBSERVAÇÕES:

95

RECEITA:

| RENDIMENTO | TEMPO DE PREPARO | TEMPO DE COZIMENTO | DATA |

INSTRUÇÕES

INGREDIENTES

OBSERVAÇÕES:

RECEITA:

| RENDIMENTO | TEMPO DE PREPARO | TEMPO DE COZIMENTO | DATA |

INSTRUÇÕES

INGREDIENTES

OBSERVAÇÕES:

97  RECEITA: _____

| RENDIMENTO | TEMPO DE PREPARO | TEMPO DE COZIMENTO | DATA |

INSTRUÇÕES

INGREDIENTES

OBSERVAÇÕES:

98  RECEITA:

RENDIMENTO	TEMPO DE PREPARO	TEMPO DE COZIMENTO	DATA

INSTRUÇÕES

INGREDIENTES

OBSERVAÇÕES:

RECEITA:

| RENDIMENTO | TEMPO DE PREPARO | TEMPO DE COZIMENTO | DATA |

INSTRUÇÕES

INGREDIENTES

OBSERVAÇÕES:

100  RECEITA:

| RENDIMENTO | TEMPO DE PREPARO | TEMPO DE COZIMENTO | DATA |

INSTRUÇÕES

INGREDIENTES

OBSERVAÇÕES:

www.ingramcontent.com/pod-product-compliance
Lightning Source LLC
Chambersburg PA
CBHW080037120526
44589CB00037B/2694